TUDO SOBRE VARIZES

PREVENÇÃO E TRATAMENTO

Dados Internacionais de Catalogação na Publicação (CIP)
(Câmara Brasileira do Livro, SP, Brasil)

Scuderi, Angelo.
  Tudo sobre varizes: prevenção e tratamento / Angelo Scuderi.
– São Paulo: Ícone, 1997.

ISBN 85-274-0442-7

1. Varizes 2. Varizes – Prevenção I. Título.

97-1918   CDD-616.14306
                                                  NLM-WG 620

Índices para catálogo sistemático:

1. Varizes: Doenças: Medicina   616.14306
2. Varizes: Tratamento: Medicina   616.14306

DR. ANGELO SCUDERI

TUDO SOBRE VARIZES
PREVENÇÃO E TRATAMENTO

Ícone
editora

© Copyright 1997.
Ícone Editora Ltda

Capa
Mônica Mattiazo

Produção e Diagramação
Julia A. C. F. Cruz

Revisão
Jonas Negalha

Proibida a reprodução total ou parcial desta obra,
de qualquer forma ou meio eletrônico, mecânico,
inclusive através de processos xerográficos, sem
permissão expressa do editor
(Lei nº 5.988, 14/12/1973).

Todos os direitos reservados pela
ÍCONE EDITORA LTDA.
Rua das Palmeiras, 213 — Sta. Cecília
CEP 01226-010 — São Paulo — SP
Tels. (011)826-7074/826-9510

HOMENAGENS

À minha mãe, prematuramente levada de nosso convívio.

Ao meu pai, que com grandes dificuldades e sacrifícios possibilitou a minha formação. Vive ainda em mim pelo exemplo de trabalho, perseverança e honradez.

À minha esposa, sempre ao meu lado, apoiando, acreditando e estimulando-me em minha missão.

Aos meus filhos, sempre presentes, auxiliando-me e compreendendo os vários momentos importantes de suas vidas que foram privados de minha companhia devido à minha profissão.

Aos meus mestres:

Prof. Walder Edgard Maffei: Professor de Patologia que me ensinou os fundamentos da Medicina.

Prof. Gelson Kalil: Professor que me ensinou a examinar o paciente como um todo.

Prof. Mario Degni: Grande mestre da Angiologia e da Cirurgia Vascular. Ele foi um dos responsáveis pela existência da especialidade de cirurgiões vasculares no Brasil.

Prof. Rubens Carlos Mayall: O grande mestre de todos os angiologistas do Brasil. Incentivador dos que se dedicam ao estudo das moléstias circulatórias, sempre tem palavras de estímulo, mesmo nas situações mais adversas.

Quem é o Dr. Angelo Scuderi

O Dr. Angelo Scuderi é médico-cirurgião vascular e angiologista graduado pela Faculdade de Medicina de Sorocaba, da PUC; sócio fundador e representante, em São Paulo, da Sociedade Brasileira de Flebologia e Linfologia e membro da Sociedade Brasileira de Angiologia e Cirurgia Vascular.

Sua intensa atividade científica é reconhecida no Brasil e em várias partes do mundo, de tal forma que é Membro Honorário de numerosas sociedades científicas internacionais como a *North-American Society of Phlebectomy* e também da *Sociedade Argentina de Flebologia e Linfologia*, entre outras. Atualmente é secretário da Sociedade Panamericana de Flebologia e Linfologia.

É presidente dos Encontros Paulistas de Flebologia e Linfologia, os quais organiza a cada dois anos.

Publicou trabalhos científicos em revistas no Brasil e também no exterior.

Além dessa intensa atividade científica, não descuida de sua clínica em Sorocaba, onde atende diariamentes seus pacientes há mais de 22 anos.

ÍNDICE

Apresentação 11
Introdução 15
Histórico 17
Nomenclatura 19
As Veias 21
As Varizes 25
Complicações da Síndrome Varicosa 33
Varizes e gravidez 41
Outras considerações a respeito de Varizes 43
Diagnóstico 46
Tratamento 49
Comentários Finais 67
Figuras e Fotos 69

APRESENTAÇÃO

Fiquei muito honrado com o convite para escrever a apresentação deste livro dedicado à imensa população de portadores de varizes.

Faço isso com imenso prazer, primeiro pelo fato de conhecer muito bem o autor como profissional, veterano e muito competente no manuseio diário dos varicosos e seus problemas, que ele tão bem e minuciosamente descreve mostrando em linguagem fácil de ser compreendida por leigos neste assunto. É portanto muito oportuno a entrega deste livro que visa principalmente prevenir a Doença varicosa ou Síndrome varicosa, como ele tão bem define logo na primeira página, mostrando assim, de saída, que conhece bem o assunto.

Dr. Scuderi se dedica há muitos anos ao tratamento de varizes e como sabem muito bem que é um problema difícil de ser resolvido por um só método, por uma só pessoa que pensa saber tratar, tenho encontrado o autor em muitos congressos nacionais e internacionais, apresentando seus trabalhos sobre os casos bem tratados por ele e principalmente levando para o plano das discussões com os técnicos de toda parte, mostrando assim que antes de tudo quer sempre aprender mais daquilo que está sentindo dificuldade de tratar. E não contente com a sua presença sistemática, anual, em todas as reuniões científicas, ele pessoalmente já organizou, com muita capacidade e perfeição, as jornadas de Flebologia, sempre tendo o que há de melhor e mais capaz no assunto para discutir todos os detalhes de como devem ser tratadas as varizes e seus problemas.

O doente varicoso vai encontrar uma leitura amena em linguagem que está habituado a usar, sem receio de tropeçar em linguagem médica de alto nível, que nem sempre é compreendida.

Tenho certeza de que todas as pessoas, sejam jovens, adultos ou idosos, portadores da Síndrome varicosa irão encontrar uma solução para todas as dúvidas que possam ter com suas varizes.

O autor define muito bem o que são varizes, onde estão localizadas, as mais freqüentemente atingidas pela doença varicosa, analisa em detalhes todos os sintomas ou sinais que elas provocam, sejam varizes primárias, sejam secundárias, que em verdade são as mais freqüentes.

Nesta publicação o doente vai encontrar tudo o que deseja saber, respondendo o autor com antecedência a todas as perguntas que enfrenta diariamente no convívio com seus pacientes.

As mulheres, indubitavelmente, mais atingidas pela doença, por causa dos problemas hormonais, – encontramos 52% de portadores de varizes em idade variável de 16 anos até a menopausa –, irão aprender que elas são reversíveis espontaneamente. Para isso é só esperar o parto e, dois meses após, a regressão da Síndrome varicosa, por vezes muito desenvolvida, principalmente na área genital, não devendo portanto ser motivo de maiores preocupações, porque sua cura espontânea com regressão total ao normal é a regra.

Outro alarme muito importante que é dado em detalhe no livro é sobre o uso das pílulas anticoncepcionais que devem ser proibidas às mulheres que, nas suas famílias, têm vários parentes portadores da Síndrome varicosa. Sobre isso há ainda muita controvérsia. Porém um fato é certo, e que deve ser muito bem avaliado por todos os leigos, que as pílulas indubitavelmente bloqueiam a produção do hormônio estrogênio na mulher, produzindo estase venosa, pela falta da contração da camada elastomuscular das veias e que por sua própria natureza é mais fraca que a das artérias.

Pessoalmente nós tivemos a oportunidade de ver tromboses venosas agudas muito graves, bilaterais, causadas pelas pílulas. Portanto muito cuidado e seleção rigorosa de cada caso é imprescindível de ser tomado, no que se trata em iniciar o seu uso.

No Irã, onde o seu uso é obrigatório nas mulheres jovens na idade fértil, o Dr. Amir Jahed mostrou outro perigo da pílula anuvolatória que é a formação da Síndrome de abertura da microcirculação das extremidades inferiores das comunicações arteríolo-venulares (os chamados hemodutos ou canais preferenciais) que, abertas, roubam o sangue que devem nutrir os tecidos na microcirculação, fazendo pelas suas aberturas um roubo de sangue do vaso venoso, causando automaticamente uma tremenda e irreversível hipertensão venosa que é muito acentuada principalmente no período pré-menstrual, causando a sensação de calor nas pernas, peso, mal-estar e cãimbras, tão molestos nas mulheres jovens.

A maneira de prevenir estes sintomas e sinais é minuciosamente descrita no livro. Os meios rotineiros para seu diagnóstico e explicação são detalhados em linguagem acessível, incluindo, nessa análise, todos os meios que a tecnologia moderna pôs ao alcance de todos os médicos flebologistas na parte referente ao tratamento que, indubitavelmente, o Dr. Scuderi é considerado o mestre consagrado no tratamento clínico, é preferido com muita justiça e sabedoria porque, como deixa bem claro na leitura do texto, a doença varicosa praticamente não tem cura radical, devido à sua tendência progressiva, que o autor muito bem descreve.

Os medicamentos preferidos, os métodos fisioterápicos, a secagem ou esclerose das varizes são abordados com muita excelência, baseada em uma vasta experiência pessoal.

Finalmente o tratamento cirúrgico, incluindo a cirurgia das varizes por microincisões, consagrada no mundo inteiro, hoje em dia é a preferida por ser sem risco, muito estética e, quando bem feita, sem risco de complicações. Por este motivo posso garantir aos leitores que as perspectivas de suas Síndromes varicosas serão melhores.

Prof. Dr. R. C. Mayall.

INTRODUÇÃO

A idéia de escrever algumas palavras sobre as doenças venosas em geral e sobre as varizes em particular, partiu da constatação, no dia-a-dia de nossa clínica, de que as pessoas têm um grande interesse em conhecer com maiores detalhes essas doenças tão comuns em nosso meio.

Já vai longe o tempo em que os doentes se contentavam com o posicionamento distante dos médicos que impunham seus conhecimentos (e às vezes seus desconhecimentos), seus diagnósticos e suas condutas terapêuticas sem nenhuma explicação ou contestação a seus pacientes. Os meios de comunicação aumentaram o nível de informações das pessoas leigas. Basta ligar um rádio ou uma tevê para ver e ouvir assuntos médicos sendo tratados livremente. Enfim, as pessoas deste fim de século estão muito mais informadas que antigamente e além disso querem saber mais. Não se satisfazem mais com explicações superficiais. Questionam os profissionais da saúde com relação aos diagnósticos, bem como a suas condutas. No caso das moléstias circulatórias venosas e das varizes em particular muitas são as dúvidas que preocupam as pessoas. Perguntas do tipo: "As veias que vão ser operadas não vão fazer falta?", "Corro o risco de perder a perna?", "Posso tomar pílula anticoncepcional?", "Posso fazer exercício?" "Posso fazer depilação?" "Não tem perigo fazer *secagem* das varizes?" e outras, são muito freqüentes em nosso cotidiano. Esperamos esclarecer as dúvidas mais corriqueiras que afligem nossa população.

HISTÓRICO

Veia varicosa ou Variz é um mal que atinge a humanidade desde os primórdios da civilização. Desde os tempos mais longínquos tem-se notícias das varizes e principalmente de suas complicações. Famosos são os escritos e desenhos encontrados nas ruínas das antigas cidades gregas, mesopotâmicas, egípcias e fenícias referentes às varizes, suas complicações, bem como os tratamentos que se aplicavam na época. Mesmo em cavernas dos homens pré-históricos foram achados desenhos que mostravam pessoas com feridas (úlceras) e varizes, assim como de cenas que retratavam o seu tratamento (figura 1, pág. 64). Do ponto de vista teórico, segundo a lei da evolução das espécies, o homem teria adquirido as varizes a partir do momento em que deixou de "andar de quatro" e conseguiu ficar em pé. O ortostatismo (o fato de ficar em pé) fez aumentar a pressão hidrostática no sistema venoso, que se faz sentir principalmente nas porções mais baixas dos membros inferiores. O esquema mostrado na figura 2 (pág. 65) tenta explicar o efeito da pressão hidrostática e do ortostatismo.

NOMENCLATURA

Atualmente, as denominações mais aceitas pela comunidade de especialistas para designar as "Varizes" são "Síndrome Varicosa" ou "Doença Varicosa". O motivo é que a palavra "varizes" dá uma idéia, segundo alguns, de uma doença parada, estática, que não avança, o que não corresponde à realidade. A designação de "Síndrome Varicosa" ou "Doença Varicosa" dá uma idéia de continuidade, de evolução, de doença que avança. Essa é uma das características mais importantes da doença: a sua cronicidade, o seu caráter evolutivo. Ela está sempre em atividade.

A "Doença Varicosa" caracteriza-se basicamente por um "enfraquecimento do tecido conjuntivo". O tecido conjuntivo (também chamado de conectivo) é o tecido que dá "sustentação" aos demais tecidos do corpo. Por exemplo: uma veia é um "tubo" formado por várias camadas (musculares e outras). O tecido conjuntivo é o que serve de "cola" entre uma camada e outra. Na realidade a veia tem pouca musculatura e muito tecido conjuntivo. Essa característica estrutural é que dá à veia uma consistência mais flácida do que a artéria (que possui mais músculo que tecido conjuntivo). Esse é o motivo pelo qual não existem "Artérias Varicosas" (figura 3, pág. 66). Resumindo, portanto, como as veias têm relativamente pouca musculatura e muito tecido conjuntivo, estão sujeitas a deformidades maiores ou menores, dependendo do estado em que se encontra esse tecido (o conjuntivo). Ora, a "fraqueza do tecido conjuntivo" acima referida é um estado determinado por fatores genéticos. A textura desse tecido conjuntivo é, portanto, diferente para cada pessoa. Concluímos daí que as pessoas "têm as varizes que podem ter" e não as que "querem ter". Em outras palavras, se um indivíduo, do sexo masculino ou feminino, tem uma *predisposição* genética para ter varizes (fraqueza do tecido conjuntivo), essa pessoa terá varizes de qualquer maneira. Essa predisposição genética está muitas vezes ligada à hereditariedade.

Freqüentemente, a doença varicosa é encontrada em mais de um membro da mesma família. Estudos epidemiológicos realizados em várias partes do mundo demonstraram que a distribuição das varizes de acordo com o sexo apresenta um número de homens portadores de varizes um pouco inferior ao de mulheres. Além disso, é preciso salientar que, devido à maior preocupação estética, são as mulheres que mais procuram o tratamento.

Com relação à idade, podemos dizer que as varizes podem começar a aparecer desde a infância, sendo, entretanto, mais freqüente o seu surgimento com a puberdade e durante a adolescência. À medida que a idade vai avançando, o quadro clínico fica mais exuberante. É, portanto, uma doença característica da idade adulta jovem, o que tem implicações sócio-econômicas importantes, pois atinge o indivíduo na fase mais produtiva de sua vida.

Em todo o mundo, constitui fonte permanente de preocupação a grande quantidade de dias de trabalho que se perdem anualmente devido às varizes e suas complicações. Em nosso meio, chegou-se ao ponto de algumas grandes empresas recusarem liminarmente candidatos a emprego pelo fato de terem varizes, obrigando o indivíduo a operar-se *antes* de ser admitido.

AS VEIAS –
O que são, como são, quantas são
e como se distribuem

Para melhor entendermos a doença varicosa, é útil uma descrição rápida a respeito da veias, principalmente as das pernas, que são as que nos interessam mais de perto neste momento. Veia, por definição, é todo o vaso sangüíneo que leva sangue para o coração. Nos membros inferiores, portanto, as veias são responsáveis pela condução do sangue venoso (já utilizado, rico em CO_2 – Gás Carbônico – e outras substâncias que devem ser eliminadas do organismo). Desta maneira, as veias devem conduzir o sangue no sentido de baixo para cima. É o que se chama de "Retorno Venoso". É mais ou menos a mesma coisa que levar água de um lugar mais baixo para um lugar mais alto. Para fazer isso normalmente utilizamos uma bomba. E no corpo humano? A bomba que nós temos é o coração, mas ele impulsiona o sangue no sentido contrário ao das veias. Para que as veias dos membros inferiores possam desempenhar bem essa difícil função a natureza dotou-as de algumas características anatômicas especiais que passaremos a explicar a seguir:

Uma das mais importantes estruturas anatômicas das veias dos membros inferiores são as *Válvulas*. As válvulas venosas se constituem basicamente de "conchas" com a cavidade voltada para cima, de forma tal que o sangue sobe passando por elas, mas não volta porque fica retido nas mesmas (figura 4, pág. 67).

Além das válvulas um outro mecanismo é fundamental para que ocorra o retorno venoso: as contrações da musculatura da perna, principalmente da panturrilha, "barriga" ou "batata" da perna. Essa contração e o sucessivo relaxamento dos músculos da perna é que fazem o sangue subir através das veias e as válvulas impedem que o mesmo volte para baixo. Costumamos dizer que as panturrilhas são os "corações periféricos" de nosso organismo, pois são seus músculos que, contraindo e relaxando sucessivamente, impulsionam o sangue no sentido de baixo para cima (figura 5, pág. 68).

O sistema venoso nos membros inferiores, pode ser dividido basicamente em três grandes e principais sistemas: o *Sistema Venoso Profundo,* o *Sistema Venoso Superficial* e o *Sistema Venoso Comunicante* (figura 6, pág. 70).

O *Sistema Venoso Profundo* é aquele formado pelas veias profundas dos membros inferiores. Essas veias estão envoltas pela musculatura da perna e da coxa e dessa forma estão mais protegidas. Devido à sustentação dos músculos que as envolvem, a veias profundas raramente são atingidas pela *Doença Varicosa*. As veias profundas não são visíveis e são as responsáveis pela maior parte do *Retorno Venoso* (mais de 90%). É, portanto, o conjunto das principais veias dos membros inferiores. Um processo obstrutivo ("entupimento") nessas veias, como uma trombose, por exemplo, terá graves repercussões no retorno venoso. As principais veias desse sistema são: As *Veias Femorais, Poplíteas* e outras.

O *Sistema Venoso Superficial*, como a própria palavra diz, é formado pelas veias que se localizam superficialmente, ou seja, entre a pele e os músculos. Elas estão circundadas de tecido gorduroso que normalmente é flácido. Essas veias normalmente estão visíveis e é nelas que a *Doença Varicosa* costuma se instalar com maior freqüência, pois justamente lhes falta a proteção e o reforço de uma vizinhança muscular que lhes daria maior sustentação e as impediriam de se dilatar. Este sistema é responsável pela condução de pequena parte do sangue venoso que na prática é desprezível. As principais veias desse sistema são as *Veias Safenas* (que são duas em cada membro: uma interna ou "magna" e outra externa ou "parva"). Estas veias adquiriram notoriedade nos últimos tempos, justamente devido ao fato de poderem ser utilizadas nas "pontes de safena" no coração. Observem que nesses casos as veias safenas são retiradas e no entanto não há nenhum prejuízo na circulação venosa dos membros inferiores. E por quê? Porque as veias safenas fazem parte do sistema venoso superficial que é responsável por um retorno venoso praticamente nulo. Portanto a sua retirada não faz falta. O retorno venoso é feito praticamente só pelo sistema profundo. As veias safenas constituem as principais veias do sistema venoso superficial. As safenas internas ou "magnas" são longas veias que se iniciam no tornozelo e terminam na virilha (figura 7, pág. 71). Nessa região a veia safena interna recebe uma série de "afluentes" (veias tributárias) e desemboca na veia femoral. Essa região é chamada de "Crossa da Safena" e tem uma importância fundamental para o tratamento das varizes, como será explicado oportunamente.

O *Sistema Venoso Comunicante* é aquele formado por veias que fazem a comunicação do sistema superficial com o profundo. São geralmente veias curtas que "penetram" no sentido da superfície para a profundidade atravessando as camadas musculares. As válvulas dessas veias fazem com que o fluxo de sangue se faça sempre no sentido do sistema venoso superficial para o sistema venoso profundo. Essas veias estão sujeitas ao processo varicoso, principalmente na sua porção mais superficial e são elas as responsáveis por grande parte das complicações das Varizes, como por exemplo: *úlceras, dermatites, eczemas,* e outras (figura 8, pág. 72). As veias comunicantes requerem uma grande atenção por parte do especialista que vai tratar a(o) paciente. Essas veias muitas vezes não estão visíveis e devem ser *palpadas cuidadosamente*. Só o especialista com alguma experiência reconhece uma veia comunicante doente. São essas veias que quando bem tratadas determinam o bom resultado do tratamento. Quando essas veias não são devidamente diagnosticadas e tratadas teremos os resultados insatisfatórios com a continuidade dos sintomas ou a recidiva (volta) das varizes.

AS VARIZES –
O que são? Onde se localizam? Quais são os sintomas? Como identificá-las?

Como já vimos anteriormente no capítulo "Nomenclatura", as varizes são na realidade uma fraqueza das "paredes" das veias. Imaginando as veias como um tubo de borracha, seria como se em determinado ponto esse tubo ficasse com a sua parede mais "fina" e formasse uma dilatação por não suportar a pressão do líquido em seu interior. Além disso, existe a insuficiência valvular. À medida que ocorre a dilatação das veias, as válvulas se afastam umas das outras, aumentando o *refluxo* do sangue venoso. Com isso aumenta a dilatação das veias. Aumentando a dilatação, temos um maior afastamento das válvulas. Concluímos assim que existe um verdadeiro círculo vicioso em que a dilatação aumenta a insuficiência valvular e vice-versa (figura 9, pág. 73).

Este é o motivo pelo qual a Doença Varicosa tem uma tendência de sempre aumentar. O processo varicoso atinge praticamente só o Sistema Venoso Superficial. É muito comum entre nós dizer que um indivíduo tem "Varizes Internas". Na realidade são pessoas que apresentam os sintomas das varizes, mas não têm veias visíveis. As varizes são superficiais. Excepcionalmente podemos encontrar algumas varizes no sistema venoso profundo, mas esse é um assunto muito complexo e controverso que não cabe neste volume. As varizes podem ainda ser classificadas como *primárias* ou *secundárias*. As *Varizes Primárias,* também chamadas de *idiopáticas,* são aquelas cujas causas não estão bem determinadas. São as mais comuns.

As *Varizes Secundárias* têm uma causa bem determinada, como por exemplo as varizes pós-flebíticas (que surgem após uma trombose venosa profunda, por exemplo), as decorrentes de distúrbios do sistema ósteo-articular (pés tortos, pés planos, seqüelas de paralisias, etc.), fistulas artério-venosas etc. Essa classificação tem importância principalmente com relação ao tratamento, como veremos adiante no capítulo correspondente.

Os *sintomas* e *sinais* da Síndrome Varicosa correspondem a um variado leque de queixas:

Dor, edema ("inchaço"), *coceira, pigmentação* (manchas na pele), *formigamentos, hipodermoesclerose* ou *celulite indurativa* ("empelotamentos" e "endurecimentos" da pele e tecido subcutâneo), *úlceras* (feridas) e evidentemente as próprias *varizes* ou *veias varicosas* que podem ser de vários tipos e tamanhos, desde as mais finas e vermelhas, chamadas de *telangiectaslas* ou *aranhas vasculares,* até grandes troncos venosos azulados, dilatados e tortuosos. Não podemos também deixar de citar as *hemorragias* que podem ser internas ou externas, como explicaremos oportunamente neste livro, no capítulo das *complicações*. Existem algumas *regras gerais* que podem ser observadas e que servem para diferenciar a Doença Varicosa de outras doenças que exibem sinais e sintomas semelhantes:

a) O sinais e sintomas aumentam com o passar do dia. Os/as pacientes amanhecem melhor e vão piorando progressivamente com o decorrer da manhã, da tarde, até o anoitecer.

b) Melhora com o repouso elevando os membros inferiores.

c) Geralmente um membro está mais comprometido que o outro.

d) Piora com o calor e melhora quando esfria um pouco.

e) No sexo feminino piora durante os períodos de maior atividade hormonal (período pré-menstrual, gravidez, menopausa etc.).

f) Melhora andando e piora quando fica em pé parada/o.

g) Existe um aumento ou agravamento dos sintomas e sinais com o passar do tempo, se não se instituir o tratamento adequado.

h) Os fenômenos relacionados à doença varicosa geralmente se iniciam de baixo para cima (dos tornozelos e pés em direção à perna e finalmente a coxa).

i) Os sintomas nem sempre precedem os sinais ou as complicações. Em outras palavras: Muitas vezes as complicações são o primeiro motivo para procurar o médico.

Evidentemente, como já foi referido, essas características são uma regra geral. Existem alguns casos em que essas regras não se aplicam em sua plenitude, gerando com isso dúvidas diagnósticas que muitas vezes levam tanto os/as pacientes como médicos, especialistas ou não, a tomarem condutas de tratamento não apropriadas ao caso.

Dor: em peso, queimação, ardência. Pode ser uma dor de grande, média ou fraca intensidade. Às vezes apenas uma sensação de desconforto e às vezes dores extremamente fortes. Em certas oportunidades, embora com menos freqüência, pode se apresentar como câimbras, especialmente durante a gravidez. A característica da dor é extremamente importante para o especialista fazer o diagnóstico. O mais comum é que as dores da Síndrome Varicosa sejam de fraca ou moderada intensidade. Quando as dores passam de uma sensação de desconforto para uma dor de grande intensidade é sinal de que as complicações podem estar chegando ou se iniciando. Um aspecto muito importante da Doença Varicosa é que *nem sempre a intensidade da dor se relaciona com a quantidade de varizes visíveis*. Isso é extremamente comum e costuma confundir as pessoas. Muito freqüentemente recebemos pacientes em nossa clínica que nos referem ter muitas varizes há muitos anos, mas que nunca incomodaram. O motivo da consulta muitas vezes é uma complicação da Síndrome Varicosa. Andando pelas ruas ou freqüentando qualquer ambiente, às vezes notam-se indivíduos com grande quantidade de varizes nas pernas. Perguntam-se as pessoas: Nossa! Será que não está sentindo dores? Aí está a resposta: A quantidade de varizes nem sempre se relaciona com as dores que a paciente sente. É por esse motivo que muitas pessoas com varizes deixam de tratar sua doença. Acabam tratando após o início das complicações. Quem tem varizes visíveis, mesmo não sentindo nada no momento, pode ter a certeza de que, com muita probabilidade, terá complicações no futuro. Por isso *sempre recomendamos o tratamento do quadro varicoso o mais precocemente possível*. Como veremos mais adiante, no capítulo *Tratamento*, o resultado do mesmo depende muito do estado em que se encontram as varizes.

Edema ou "inchaço" é um sinal-sintoma muito freqüente que acompanha a Síndrome Varicosa. Muitas vezes é a única queixa. Este "inchaço" tem algumas características que são importantes para se fazer um diagnóstico de varizes. Não se deve esquecer que muitas outras doenças podem causar também edema de membros inferiores. O edema devido às varizes é geralmente de aparecimento preferencial à tarde. A(o) paciente refere que amanhece com as pernas "desinchadas" e que ao longo do dia as mesmas vão aumentando de volume. O edema se localiza predominantemente nos tornozelos e pés, atingindo a seguir a perna no sentido de baixo para cima. Geralmente o aparecimento e o aumento do "inchaço" ao longo do dia se associa a um aumento da dor, ardência, "formigamento" ou desconforto dos membros inferiores, embora em alguns casos esse aumento de volume possa ser um fenômeno isolado. Uma outra característica importante dessas queixas é que geralmente um membro é mais afetado que o outro. As(os) pacientes referem que uma perna dói e/ou incha mais que a outra. O edema varicoso geralmente é quente ou, pelo menos, não é frio. Habitualmente melhora com o repouso, de preferência com as pernas levantadas. Com o passar do tempo o edema vai ficando cada vez mais volumoso e quando levanta de manhã, o/a paciente percebe que as pernas já não estão "desinchando" completamente como antes. É o que se chama de *Edema Residual*. À medida que o tempo passa, se não se instituir o tratamento adequado, esse *Edema Residual* vai aumentando, chegando a extremos de quase *irreversibilidade*, principalmente devido ao comprometimento da circulação Linfática. É o chamado *Linfedema* ou *Elefantíase*. O edema favorece também, o aparecimento de pequenas "rachaduras" na pele, bem como um "enfraquecimento" imunológico da mesma, principalmente ao nível do tornozelo. Com isso a cútis local fica mais exposta às agressões de agentes patogênicos como bactérias e fungos.

O *prurido* ou "coceira" acompanha muitas vezes o quadro varicoso. Em muitas oportunidades é o único motivo pelo qual os/as pacientes nos procuram, após passar inúmeras pomadas, pós, loções e outras substâncias. Em algumas ocasiões chegam a formar verdadeiros *eczemas varicosos*. Pode ser de pouca intensidade (inicial) até quadros extremamente exuberantes de grande intensidade com comprometimento de todo o membro inferior ou mesmo de todo o corpo. Em casos mais avançados, o ato de "coçar" provoca lesão da pele com conseqüente infecção que pode ser desde grau moderado até gravíssimos quadros com formação de abscessos extensos, inclusive com necrose de pele (placas negras de pele "morta").

A *pigmentação* da pele costuma ser progressiva, de cor acastanhada como se fosse "ferrugem". Se inicia com pequenos pontos que vão aos poucos se juntando até formar uma mancha maior que pode tomar toda a perna na sua porção mais baixa. O local mais comumente afetado é a face interna ("de dentro") do tornozelo, embora possa surgir de forma mais esparsa principalmente na face posterior e também mais acima da perna. Importante é saber que a pigmentação das varizes é um fenômeno que se inicia lentamente e que vai sempre aumentando, a menos que se estabeleça um tratamento adequado. Outro ponto importante é a *irreversibilidade* das manchas, mesmo após o tratamento. Com o tratamento adequado poderemos ter uma "clareação" das manchas, mas dificilmente teremos o completo desaparecimento. Em determinados casos a pigmentação pode estar localizada em zona de muitas veias, mas em outras oportunidades essas veias não são visíveis. Eventualmente pode sentir coceira no local das manchas. Muitas vezes as manchas "acompanham" a evolução das varizes juntamente com outros fenômenos como os descritos a seguir.

A *hipodermoesclerose* ou *celulite indurativa* corresponde a uma fase mais avançada da Doença Varicosa e se caracteriza por um "endurecimento" (fibrose) do tecido subcutâneo. Se inicia também lentamente e vai aumentando de intensidade e de tamanho. Acompanha ou se faz acompanhar das manchas ocres que já foram descritas anteriormente. Apresentam também um caráter de *irreversibilidade* mesmo após a instituição de tratamento adequado. Normalmente é nessa região que se instala o fenômeno que descrevemos a seguir.

A *úlcera* ou "ferida" varicosa é uma das mais temidas complicações da Síndrome Varicosa. O aparecimento pode ser espontâneo ou pós-traumático (após machucar com as unhas, arranhar de animais ou outros objetos). Muitas vezes as(os) pacientes não sabem dizer como iniciou a ferida.

Na verdade, na maioria dos casos, a úlcera varicosa se inicia espontaneamente como uma pequena lesão insignificante. A(o) paciente não dá a devida atenção no início. Surge como um pequeno foco de prurido ou de sensibilidade aumentada. Rapidamente o ferimento começa a aumentar. Uma característica importante da úlcera varicosa é que na maioria dos casos não apresenta dor ou a dor é moderada. Quando a dor é forte na úlcera varicosa é porque está ocorrendo alguma complicação (infecção ou outra). Esse é o motivo pelo qual várias pacientes com úlcera não procuram tratamento desde o início. É comum na prática diária de nossa clínica receber pacientes que apresentam úlceras há vários anos. A localização mais freqüente da úlcera varicosa é na face interna da perna na altura do terço inferior (no lado de dentro do tornozelo). Entretanto outras localizações menos comuns podem ser observadas. A úlcera varicosa tem outras características importantes que somente o médico especialista ou acostumado com esse tipo de doença sabe identificar, como por exemplo tamanho, o formato, o fundo, a presença ou ausência de secreção e principalmente o acompanhamento dos sinais e sintomas descritos anteriormente (edema, pigmentação, dermatite, etc.) . Muito freqüentemente os portadores de úlcera varicosa passam na ferida tudo o que recomendam. Dessa maneira é comum recebermos pacientes com camadas e mais camadas de pomadas e outras substâncias sobre a úlcera. Em nossa experiência, quanto mais pomada passar sobre a ferida mais ela cresce e aumenta também a probabilidade de ter complicações como infecções e outras. Com bastante freqüência, pessoas portadoras de úlcera varicosa de longa duração referem que a mesma já fechou e abriu várias vezes. É importante assinalar que nem todas as feridas que aparecem na perna são varicosas, mesmo quando existem varizes no local! Portanto, é muito importante a consulta com o médico especialista. Somente ele será capaz de fazer um diagnóstico correto e instituir o tratamento adequado.

COMPLICAÇÕES DA SÍNDROME VARICOSA

Síndrome varicosa é uma doença crônica e evolutiva, ou seja, vai piorando com o passar do tempo, a menos que se estabeleça um tratamento adequado.

A doença varicosa é de evolução lenta e insidiosa. Muitas vezes o motivo para consultar o médico é uma complicação da doença. Dentre as principais complicações das varizes algumas já foram abordadas no capítulo anterior como as *úlceras*, as *dermatites* e *eczemas*, a *pigmentação* (manchas). São todas elas complicações com características de cronicidade, que acompanham a evolução das varizes. Falaremos neste capítulo de complicações agudas que fazem com que os doentes procurem o médico em caráter de urgência. Vamos destacar as seguintes:

Hemorragia de Varizes também chamada de *Varicorragia*. Trata-se de complicação bastante freqüente e dramática em nosso meio. Na maioria das vezes a hemorragia de uma variz ocorre de forma espontânea. Teoricamente qualquer veia varicosa pode sangrar, desde grossos troncos dilatados até minúsculas varículas. A veia pode sangrar numa região de pele sã ou não, inclusive em região de úlcera. Na grande maioria dos casos a hemorragia é intensa e abundante. O sangue "esguicha" e "espirra" longe. Apesar de ser um quadro dramático, o tratamento dessa complicação é relativamente simples. A(o) paciente deve deitar onde estiver e elevar a perna com a veia hemorrágica acima do coração (figura 10, pág. 74). Além disso, pode fazer uma *suave* compressão sobre o local sangrento. A colocação de garrotes é contra-indicada, seja acima ou abaixo do ponto hemorrágico. Não adianta ficar desesperado/a andando de um lado para o outro, que só aumenta a hemorragia. É imperativo que a pessoa deite com a perna erguida *onde estiver*. Passados no mínimo 30 minutos (tempo suficiente para o sangue coagular), com a hemorragia controlada, a(o) paciente pode, com toda a calma, enrolar uma faixa comprimindo o local *suavemente* e procurar um médico, de preferência especialista. Se a hemorragia se repetir basta deitar novamente com o membro elevado e repetir novamente a compressão do local. Não há hemorragia de veia varicosa que persista após a elevação do membro. As suturas (pontos) devem ser evitados a todo o custo.

Esta forma de hemorragia descrita corresponde a uma hemorragia externa. Existem também algumas formas de *hemorragia interna*. Esta última é uma forma mais rara e normalmente pode ocorrer após traumatismo ou algum acidente. O sangue se acumula entre os tecidos do membro inferior formando *hematomas*. Dentre as hemorragias internas nos membros inferiores existe uma que tem um nome até curioso: *Síndrome da Pedrada*. Neste caso a/o paciente, ao esticar um pouco mais a perna (ao atravessar uma rua, ou ao saltar uma poça d'água, por exemplo), sente uma "fisgada" na panturrilha com a sensação exata de que alguém lhe tenha atirado uma pedra na perna. A dor é muito forte e o/a paciente não consegue mais andar normalmente. A perna incha e em poucas horas surgem manchas roxas na perna e/ou tornozelo. O tratamento exige que o/a paciente fique em repouso por alguns dias, pois o movimento da panturrilha pode ocasionar novo surto hemorrágico interno. Um tratamento adequado, orientado por um especialista, normalmente promove a cura completa desta complicação. *Linfangites* e *Erisipelas* são processos infeccioso-inflamatórios que ocorrem com muita freqüência em pacientes portadores de varizes com certo grau de comprometimento cutâneo, como no caso de úlceras ou eczemas varicosos. As lesões na pele servem de porta de entrada para germes (bactérias, fungos e vírus). Ocorre uma reação inflamatória que pode ter intensidade variável, desde um simples rubor e "inchaço" local até intensa reação com formação de bolhas, edema (inchaço) intenso, necrose cutânea (placas pretas de pele "morta"). Esses quadros sempre são precedidos de febre geralmente alta (38-40 graus), com tremores de frio (calafrios), mal-estar geral, náuseas, vômitos, dor de cabeça, etc. Freqüentemente ocorre também a formação de "íngua" na virilha da perna comprometida. Às vezes esses pacientes não apresentam um quadro varicoso exuberante. Muitas vezes a porta de entrada do germe são as "frieiras" ou outra lesão cutânea não relacionada a varizes. O tratamento dessa complicação é predominantemente clínico, exigindo repouso com os membros elevados. Dificilmente obtém-se a melhora do quadro antes de 5 a 7 dias de tratamento rigoroso. Em alguns casos, quando ocorre a formação de bolhas, o tratamento pode se estender por um mês ou mais, exigindo às vezes tratamento cirúrgico para limpeza e enxerto de pele nas feridas deixadas pelas mesmas. A consulta ao médico especialista é fundamental para se obter uma melhora o mais rápido possível. Freqüentemente ocorre confusão de diagnóstico com a complicação relatada a seguir:

Flebites e *Tromboflebites* – São um capítulo extenso e complexo dentro da especialidade. Vamos procurar explicar de forma simples e didática para que todos possam entender. *Flebite* é um processo inflamatório das veias. Pode ser crônico ou agudo e pode se localizar em veias varicosas ou não, profundas ou superficiais. A causa de flebite pode ser espontânea (desconhecida) ou bem definida (por exemplo, pós-traumatismo). As veias varicosas apresentam uma maior predisposição (tendência) a apresentar uma flebite. A flebite pode ter variados graus de intensidade, desde quadros com simples rubor e calor local até muito dolorosos com intensa reação inflamatória. Nesses casos, os pacientes não se queixam de febre. Segundo alguns estudiosos, o uso de hormônios, especialmente os anticoncepcionais, favoreceriam o aparecimento das flebites, bem como da complicação descrita mais adiante. Muitos pacientes somente vão se preocupar com suas varizes quando a flebite começa a se manifestar. O tratamento da flebite depende da localização, da intensidade e da extensão da veia ou veias comprometidas. A conduta terapêutica geralmente é clínica, mas em determinadas circunstâncias o procedimento cirúrgico poderá ser imperativo para que não evolua para a fase seguinte.

A *Tromboflebite* – é um processo onde ocorre a formação de um "trombo" (um coágulo de sangue dentro da veia). A formação de um trombo é chamada de "Trombose". Este momento é talvez, em minha opinião, um dos mais importantes da leitura deste livro. Vou procurar explicar da maneira mais simples possível o fenômeno *Trombose*.

Trombose é basicamente a coagulação do sangue dentro do vaso sangüíneo (que pode ser uma veia ou artéria). Temos, portanto, dois tipos de trombose: a trombose arterial e a trombose venosa.

A *Trombose Arterial* é, como a própria palavra sugere, aquela que ocorre dentro das artérias. Trata-se de doença que na maioria dos casos se reveste da maior gravidade. É este tipo de trombose que geralmente leva à perda do membro e às vezes à morte. *Não tem nada a ver com a Trombose Venosa ou com as Varizes*. As pessoas costumam confundir muito. É muito comum este tipo de pergunta entre as pessoas: "Papai (ou outro qualquer parente próximo ou não) precisou amputar uma perna e depois morreu. Como eu tenho muitas varizes tenho medo que possa ocorrer o mesmo comigo!" O fato de a pessoa ter varizes de pequena ou grande monta não tem nenhuma relação com a possibilidade de ter ou não uma trombose arterial. É preciso deixar bem claro que uma coisa não depende da outra. Entretanto, a dúvida traz o benefício de a/o paciente procurar o médico especialista para tratar-se. Como o tema deste livro refere-se às doenças venosas e às varizes em particular, não vamos nos aprofundar no tema da Trombose Arterial, deixando-o para uma outra oportunidade. Talvez em outro livro ou manual sobre as doenças arteriais.

A *Trombose Venosa*, portanto, é a que ocorre nas veias. Existem várias classificações dos tipos de Trombose Venosa. Vamos procurar simplificar: dependendo de qual veia seja comprometida a trombose venosa pode ser profunda *(Trombose Venosa Profunda -TVP)* ou superficial *(Trombose Vevosa Superficial ou Varicotromboflebite –* quando em veias varicosas).

TROMBOSE VENOSA PROFUNDA (TVP)

Entre todas as doenças venosas, talvez esta seja a mais grave de todas elas. Também chamada de Tromboflebite, caracteriza-se, do ponto de vista anatômico, por um "entupimento" de uma veia do Sistema Venoso Profundo por um coágulo de sangue (um trombo). No século passado, um médico alemão chamado Wirchow já estabelecia as principais causas da Trombose Venosa Profunda: 1 – *lesão do endotélio* (o "forro" interno do vaso sangüíneo); 2 – *diminuição da velocidade sangüínea* (quando a(o) paciente fica imobilizado ou acamado por muito tempo) e 3 – *alteração da "crase" sangüínea* (da composição do sangue). Essas três causas receberam o nome de "Tríade de Wirchow". Pode ocorrer nas veias da perna, coxa ou mesmo no abdome. *Quadro Clínico:* A TVP geralmente acomete pessoas que tenham sido submetidas a grandes cirurgias, partos, politraumatizados, cirurgias ortopédicas, enfim, qualquer procedimento que se encaixe na famosa "Tríade de Wirchow" descrita anteriormente. Excepcionalmente, a tromboflebite pode ocorrer sem nenhum antecedente de cirurgia, traumatismo ou outra doença. A Trombose Venosa Profunda e sua principal complicação *(A Embolia Pulmonar)* constitui a principal causa de "Morte Súbita" . Na maioria das vezes o início da Trombose Venosa Profunda é silencioso. Quando os sintomas e sinais estão evidentes, a Trombose Venosa Profunda (TVP) já se instalou há pelo menos três dias! As principais manifestações são: dor forte no membro inferior comprometido, impossibilitando a marcha (o andar), edema (inchaço) geralmente volumoso pegando desde o pé até a coxa, aumento da temperatura local, dor intensa quando se aperta a panturrilha. A febre pode estar presente, mas deverá ser de pouca monta (entre 37,5 e 38,5 graus). O membro inferior apresenta uma coloração escurecida (azulada), mais evidente em pessoas de pele clara. Às vezes o formigamento ou amortecimento da extremidade comprometida pode estar presente. A(o) paciente apresenta mal-estar geral. Essa doença é muito grave, principalmente devido à possibilidade de complicações na fase aguda : A *Embolia Pulmonar.* Esta complicação é muito grave. Pode, inclusive, levar o/a paciente à *morte súbita*. Infelizmente, essa complicação, muitas vezes, precede o próprio quadro clínico da Trombose Venosa Profunda. Nesses casos, o diagnóstico da Trombose Venosa Profunda é feito somente após a morte da pessoa. O tratamento deve ser instituído o mais precocemente possível para evitar essa terrível complicação. Atualmente existe um consenso entre a maioria dos especialistas de que a melhor maneira de tratar a Trombose Venosa Profunda é fazendo a *Prevenção*.

Entre os principais cuidados para prevenir tão terrível doença está a *Deambulação precoce* (andar o mais cedo possível), principalmente após as cirurgias de qualquer tipo. . Outros cuidados preventivos, como, por exemplo, o uso de certos medicamentos, devem ser tomados sob estrita supervisão de médicos especialistas. O *tratamento* da Trombose Venosa Profunda deve ser instituído sob a supervisão de médicos especialistas o mais rápido possível para evitar as complicações. Muitas vezes é obrigatória a *hospitalização* do(a) paciente. A Trombose Venosa Profunda pode se instalar independente da presença das varizes, ou seja, mesmo que a pessoa não tenha varizes, ela estará sujeita a ter essa doença, desde que preencha um dos itens da famosa "Tríade de Wirchow". Passando a fase aguda, o risco de Embolia Pulmonar fica cada vez menor. Normalmente a TVP deixa uma seqüela importante após a passagem de sua fase aguda: A *Síndrome Pós-Flebítica* ou *Pós-Trombótica*. O membro inferior que foi acometido de uma TVP geralmente fica definitivamente mais volumoso que o outro membro. Esse aumento de volume é mais ou menos característico, pois atinge todo o membro desde o pé até a coxa. Se o/a paciente não tinha varizes, agora elas surgem. As pessoas que sofrem desse mal não conseguem permanecer muito tempo em pé. Na região do tornozelo na face interna começa a surgir um processo de fibrose e pigmentação semelhante ao já descrito anteriormente como complicação das varizes. Finalmente pode se instalar uma *Úlcera* (ferida), chamada de *Pós-Trombótica* ou *Pós-Flebítica*, muito semelhante à descrita no capítulo das complicações das varizes. O diagnóstico da Síndrome Pós-Flebítica exige uma cuidadosa avaliação pelo médico especialista. Muitas vezes os exames complementares são indispensáveis como radiografias (Flebografia) e utilização de ultra-som e outros. Outros fatores que interferem na instalação e na evolução da TVP e da Síndrome Pós-Flebítica são: a *Idade, obesidade, condições patológicas* preexistentes (como problemas do coração, diabetes, hipertensão arterial, câncer, deficiências ósseas, etc.) e outros. O tratamento dessa Síndrome exige muita paciência por parte dos doentes e muito conhecimento por parte do médico especialista. Os fracassos ou resultados insatisfatórios são mais ou menos freqüentes, principalmente se o paciente exigir resultados a curto prazo. O tratamento é geralmente clínico e em alguns casos a cirurgia poderá estar indicada. O tipo de tratamento depende muito do quadro clínico e da experiência de cada médico especialista. O assunto é extremamente controverso e, para a finalidade deste livro, acho que o mais importante já foi citado.

VARIZES E GRAVIDEZ

A gravidez costuma desencadear ou agravar a Síndrome Varicosa. Isso ocorre mais devido a fatores hormonais do que ao aumento da pressão intra-abdominal pelo crescimento do útero gravídico. As chamadas *Varizes Gravídicas* têm algumas características peculiares. Muitas delas desaparecem espontaneamente após o parto. Outras diminuem bastante de tamanho. O fato de não ter tido varizes na primeira gestação não afasta a possibilidade de tê-las numa gravidez posterior. As varizes vão aumentando à medida que aumenta a idade gestacional (meses de gravidez) e o número de gestações. Entretanto, muitas pacientes já apresentam uma síndrome varicosa bastante intensa logo na primeira gestação. Evidentemente, as pacientes que já são portadoras de varizes antes de engravidar possuem uma maior possibilidade de ter um aumento dessas varizes ou mesmo de surgirem complicações, como flebites e/ou tromboflebites. Os sintomas das varizes ficam mais acentuados durante a gravidez, principalmente a sensação de peso, o inchaço e também as cãimbras. A localização das varizes gravídicas costuma seguir uma regra mais ou menos peculiar. Geralmente as varizes que surgem na gravidez se localizam na face posterior da coxa. As *varizes vulvares* (na vagina) são também relativamente freqüentes, causando um grande desconforto à paciente. A gestante tem dificuldade para permanecer sentada, dor ao ato sexual e durante o parto pode provocar abundante hemorragia. Além dessas localizações, as varizes gravídicas podem se localizar em outras partes dos membros inferiores. Como foi citado anteriormente, essas dilatações venosas podem regredir espontaneamente após o parto, mas muitas vezes algumas permanecem, embora, na maioria dos casos, com menor intensidade. O tratamento dessas varizes deve levar em consideração essas características. Recomendamos às pacientes que apresentam varizes e que pretendam ficar ou estejam grávidas que não deixem de se aconselhar com seu médico de pré-natal. Muitas vezes, devido às complicações, o especialista de varizes é chamado pelo obstetra para colaborar no tratamento e aconselhamento das varizes gravídicas e de suas complicações. Normalmente, durante a gravidez, o tratamento das varizes se limita a orientações e cuidados externos. As recomendações preconizadas à página 61-67 devem ser seguidas. Os medicamentos somente devem ser utilizados com orientação de médico especialista e em casos muito especiais. O uso de pomadas pode ser indicado. As meias elásticas são freqüentemente prescritas, e muitas vezes a própria paciente compra por sua conta em lojas não especializadas. É preciso esclarecer, de forma incisiva, que o uso de meias elásticas corresponde ao uso de um medicamento, e, portanto, deve ser feito sob estrita supervisão de um médico especialista. O uso inadequado de uma meia elástica pode trazer mais complicações do que benefícios. No capítulo do tratamento voltaremos a abordar esse assunto com mais detalhes. As meias elásticas não têm a capacidade de evitar o aparecimento de varizes, mas e tão-somente a de amenizar os sintomas *quando bem indicadas*. O tratamento cirúrgico e esclerosante de varizes durante a gravidez não é usual. Existe um consenso entre a maioria dos especialistas de que, apesar de não trazer nenhum inconveniente à gravidez, estas modalidades de tratamento devem ser reservadas para o período correspondente ao puerpério (após o parto). Particularmente, em nossa experiência, se não houver nenhuma complicação da síndrome varicosa, iniciamos o tratamento 45 após dias o parto. Entretanto, algumas vezes, devido a complicações como flebites, tromboflebites, hemorragias ou outras, somos obrigados a intervir precocemente.

OUTRAS CONSIDERAÇÕES A RESPEITO DAS VARIZES

Existem ainda outros fatores que influem na evolução das varizes: *idade, obesidade, profissão, condições patológicas* (doenças) *preexistentes, alcoolismo, fumo, atividade física, deficiências do sistema ósteo-articular* (deformidades ósseas e articulares), *traumatismos, atividades excepcionais e esporádicas* (uma viagem, por exemplo), *alterações hormonais, pílulas anticoncepcionais,* etc.

A *Idade* é importante, pois o quadro clínico da Síndrome Varicosa vai se agravando com o tempo. À medida que o(a) paciente tem mais idade, as varizes vão aumentando e apresentando maior probabilidade de se complicarem. Além disso, os resultados do tratamento vão ficando cada vez menos eficientes à medida que avança a idade. Nas mulheres, a idade tem ainda a implicação das *alterações hormonais.* Dessa forma é comum observarmos pacientes que passaram a vida inteira sem nenhuma queixa de varizes, e que quando atingem a *menopausa* ou *climatérico* começam a reclamar das varizes e muitas vezes das suas complicações. Da mesma maneira o aparecimento das varizes ocorre nas meninas na época da *menarca* (primeira menstruação). As varizes antes desta idade não são muito freqüentes. Muito freqüente é também o aumento dos sintomas das varizes no período que precede a menstruação, comprovando a influência das variações hormonais na mulher. A utilização de *Pílulas Anticoncepcionais* provoca em muitas mulheres o aparecimento ou o agravamento das varizes. O motivo pelo qual isso ocorre ainda não foi completamente esclarecido. A suspensão do anticoncepcional deve ser criteriosamente avaliada. O que será pior: o quadro varicoso ou uma gravidez indesejável? Normalmente não costumamos radicalizar. Junto com o ginecologista ou o obstetra e a paciente analisamos caso a caso. Se houver outra possibilidade de anticoncepção, ela poderá ser tentada. Em nossa experiência suspendemos a pílula anticoncepcional raramente e somente em condições muito especiais. A *obesidade* é um fator agravante das varizes. As pessoas obesas tendem a ter mais varizes e mais complicações. A *atividade física* é muito importante no desenvolvimento das varizes. As pessoas de hábito sedentário (que não se movimentam muito) normalmente têm mais varizes do que as que praticam algum tipo de exercício. Como veremos adiante, a atividade física *regular* é um importante método de prevenção e tratamento da síndrome varicosa e de suas complicações. As *deficiências do sistema ósteo-articular,* sejam elas congênitas (de nascença), ou adquiridas (pós-traumáticas ou pós-paralisias, por exemplo), são importantes, principalmente como causa das chamadas *varizes secundárias.* Toda e qualquer deformidade óssea ou articular que comprometa o andar normal pode influir nas varizes (pés planos, pés tortos congênitos, pernas mais curtas, seqüelas de paralisia infantil ou seqüelas de fratura de bacia, fêmur, perna, etc.). O *traumatismo* em si pode também ser o causador de varizes ou complicações. Esses traumatismos podem ser desde suaves batidas em quinas de móveis até fortes batidas em acidentes mais graves. A paciente se queixa que ficou uma mancha roxa e que depois surgiram veias no local. Outra modalidade de traumatismo é a praticada por alguns massagistas e fisioterapeutas não familiarizados com doenças circulatórias. As massagens devem ser feitas de forma suave evitando batidas e pancadas na perna e na coxa. Da mesma maneira contra-indicamos duchas fortes na pele (tipo "escocesa"). A depilação deve ser feita com um mínimo de traumatismo e de preferência sem calor. O calor excessivo ocasiona dilatação dos vasos e podemos observar, em algumas pacientes, um aumento significativo de pequenos vasos após estas modalidades de fisioterapia, massagens ou mesmo depilações. Pessoas susceptíveis ao calor devem evitar saunas, duchas e massagens vigorosas. A *profissão* tem importância fundamental no aparecimento e agravamento das varizes. As pessoas obrigadas a permanecer muitas horas seguidas em pé paradas (dentistas, balconistas, comerciantes, etc.) apresentam uma incidência muito maior de varizes do que as outras. De maneira menos intensa, certas profissões que exigem que o(a) paciente permaneça muitas horas seguidas sentada/o (secretária, motorista, etc.), também apresentam grande incidência da síndrome varicosa. O ideal é que as pessoas possam movimentar-se constantemente. São relativamente comuns casos de aparecimento de varizes após *atividades físicas excepcionais* como, por exemplo, viagens prolongadas de automóvel, ônibus ou avião. Recomendamos a(o)s pacientes não permanecerem sentadas/os por muitas horas seguidas.

Normalmente, quando se viaja de automóvel ou ônibus, os passageiros fazem paradas periódicas. Entretanto, nas viagens aéreas, principalmente as de longa duração, essas paradas são, obviamente, impossíveis.

DIAGNÓSTICO

O diagnóstico da síndrome varicosa deve ser o mais completo possível. Ele deverá ser *etiológico* (possíveis causas), *anatômico* (quantidade, extensão, localização das varizes, etc.) e *funcional* (sintomas, presença ou não de complicações, etc.). A *história natural de doença* que a(o) paciente conta com todo seu cortejo de sintomas, juntamente com o *exame físico* realizado pelo especialista, é, em nossa opinião, o mais importante elemento para fazer o diagnóstico. O conhecimento dos *antecedentes familiar* e *hereditários*, assim como os *antecedentes pessoais*, é fundamental. Uma pessoa que tenha algum parente próximo com varizes ou suas complicações estará mais sujeita a ter o mesmo tipo de problema. Um indivíduo que já tenha tido complicações venosas como tromboflebites, linfangites, erisipelas, ou mesmo que já tenha sido submetido a algum tipo de tratamento, com bom ou mau resultado, deverá merecer uma atenção especial por parte do especialista. O *tempo de evolução* da doença, bem como a determinação do momento em que se iniciaram os sintomas, do aparecimento das veias ou de suas complicações, é também relevante. Outros elementos, como a idade, o sexo e a profissão, são muito importantes, como já foi visto anteriormente. No caso das mulheres, é necessário saber também se já ficou grávida, quantas gestações teve, e se *ainda* pretende ter mais filhos. Todos esses elementos deverão ser somados aos provenientes do *exame físico*, que pode ser dividido em algumas partes:

a) *Inspeção:* exame físico da paciente em *pé*, onde o médico deverá observar a presença ou ausência de veias, o tipo e o tamanho das varizes, assim como sua distribuição topográfica (localização). A presença ou não de fenômenos tróficos (úlceras, eczemas, manchas, etc.), bem como seu grau de intensidade, localização, etc. São importantes também a coloração dos membros inferiores (avermelhamento, coloração arroxeada, palidez, etc.), edemas (inchaços), deformidades e aspecto geral.

b) *Palpação:* o médico deverá, com a ponta dos dedos, de *maneira suave*, proceder à palpação das veias varicosas e de suas complicações, tentando sentir a presença ou não de "pelotes" dentro das veias (trombos ou coágulos), etc. Da mesma maneira poderá sentir a textura tanto das veias dilatadas como de estruturas vizinhas, para avaliar o seu grau de comprometimento. O especialista deverá ainda, obrigatoriamente, proceder à palpação dos pulsos arteriais. O médico experiente poderá, através da palpação, localizar as veias perfurantes comunicantes, as quais são muito importantes, pois são elas que, na maioria das vezes, causam as complicações. Freqüentemente, as pacientes nos procuram devido a algumas veias que as incomodam do ponto de vista estético; e, durante o exame físico, à palpação, podemos notar outras veias dilatadas muito mais importantes, que vão exigir um tratamento mais complexo. Ainda dentro desse item do exame físico o especialista poderá realizar algumas *provas funcionais* para avaliar a competência ou não das válvulas venosas (figuras 4, 5, 6 e 8).

c) *Provas funcionais:* são manobras que o médico especialista realiza normalmente para testar o grau de funcionalidade tanto do sistema venoso profundo como do comunicante e do superficial. São várias modalidades de manobras que recebem os mais variados nomes e que não iremos citar, pois fogem ao objetivo deste livro. Para a realização destes testes são usados garrotes de borracha ou faixas e os pacientes são convidados ora a andar, ora a deitar. A interpretação depende muito da experiência pessoal de cada médico.

d) *Laboratório vascular ou Métodos não invasivos:* Como a própria palavra diz, são exames realizados com aparelhos que *não invadem o corpo das pessoas.* Entre eles devemos destacar os aparelhos de ultra-som que podem ser sem imagem (Doppler) (foto 2) ou com imagem (colorida ou não). Existe uma grande variedade de aparelhos que podem ser utilizados para aprimorar o diagnóstico, todos eles com suas vantagens e suas limitações (Pletismografia de vários tipos, ecodoppler, laserdoppler, etc.).

e) *Laboratório radiológico:* em determinadas circunstâncias, principalmente na suspeita de comprometimento do sistema venoso profundo e/ou comunicante perfurante, é necessária a realização de determinados exames radiológicos. Entre eles destacamos a Flebografia. Recentemente, com a descoberta de novas drogas contrastantes aos Raios "X", esta última modalidade de radiografia ficou mais fácil de ser realizada. Além disso, podemos ainda contar com a Tomografia Computadorizada, Ressonância Magnética.

f) *Laboratório de análises clínicas:* exames de sangue (hematológicos, bioquímicos, hormonais, etc.) e de urina são por nós solicitados rotineiramente, qualquer que seja o tipo de tratamento. Em nossa opinião, não se pode instituir nenhum tratamento sem antes fazer-se uma verificação das condições de funcionamento de órgãos importantes como rins, coração e outros. As doenças do sangue, especialmente as relacionadas com a coagulação e as anemias devem ser obrigatoriamente investigadas.

Entretanto, é importante salientar que *nenhum método de diagnóstico de aparelhos pode substituir o exame físico realizado pelo médico com suas próprias mãos. O exame clínico é soberano.*

TRATAMENTO

Como vimos anteriormente, a Síndrome Varicosa apresenta uma grande variedade de quadros clínicos. Dependendo de múltiplos fatores (genéticos, hereditários, profissão, obesidade, etc.), o quadro clínico poderá variar de pessoa para pessoa. Além disso, os portadores de Doença Varicosa apresentam mudanças em seus quadros clínicos, dependendo do tempo de evolução da doença, do clima, idade, gravidez, etc. Temos, portanto, diante de nós, uma doença com características de grande variedade de sintomas e sinais, os quais se modificam intensamente de indivíduo para indivíduo e no próprio indivíduo. Em outras palavras, é muito difícil encontrar duas pacientes com o mesmo quadro clínico. Além disso, a mesma paciente apresenta mudanças no seu quadro clínico dependendo dos fatores acima expostos. O tratamento da Síndrome Varicosa, portanto, vai depender do conjunto de sintomas e sinais que a(o) paciente apresenta naquele momento. Desta forma, não existe uma regra fixa e definida para se aplicar no tratamento da Síndrome Varicosa. Em outras palavras, *o Tratamento das Varizes depende do quadro clínico que a/o paciente apresenta naquele momento*. Basicamente, o tratamento da Síndrome Varicosa pode ser *Clínico* ou *Cirúrgico*. Na maioria das vezes é feita uma *combinação* dos dois métodos de tratamento. Uma mesma paciente pode necessitar, em determinada época, de um tratamento cirúrgico e em outra oportunidade de um tratamento clínico, ou vice-versa. De qualquer maneira, é importante salientar que o tratamento das varizes, seja ele clínico, cirúrgico ou combinado, visa resolver os problemas que a(o) paciente apresenta naquela oportunidade. Até o momento, a *ciência médica não dispõe de uma modalidade de tratamento que elimine definitivamente o problema*. Toda e qualquer forma de tratamento visa aliviar os sintomas, melhorar os aspectos estéticos, mas, de maneira alguma, poderá evitar o aparecimento de novas veias no futuro. Evidentemente, com o avanço dos conhecimentos sobre a doença varicosa, o aparecimento de novas veias tem ficado cada vez menos intenso e menos freqüente. O aparecimento de novas veias, ou a continuidade da evolução da Síndrome Varicosa será melhor detalhado na pág. 62 "Recidivas".

Tratamento Clínico

Até poucos anos atrás, o tratamento clínico das varizes não era nem sequer tentado por alguns médicos. O tratamento das varizes era sempre igual à cirurgia. Nos últimos anos, graças ao desenvolvimento de novas tecnologias, pudemos compreender melhor os mecanismos da doença, assim como fazer diagnósticos mais precisos. Além disso, o grande avanço da tecnologia de produção de medicamentos, possibilitou o desenvolvimento de novas drogas cujos efeitos sobre a circulação têm sido muito bons. Desta forma, o tratamento clínico passou a ter seu lugar dentro do arsenal terapêutico.

No que consiste o tratamento clínico?

O tratamento clínico consiste basicamente dos seguintes itens:

a) *Cuidados higieno-dietético-posturais:* constituem a base do tratamento clínico.

b) *Medicamentos:* que podem ser de uso oral, injetável ou tópico (pomadas, cremes, etc.).

c) *Procedimentos fisioterápicos:* elastocompressão e outros.

d) *Escleroterapia* ou *"Secagem de Veias Varicosas":* constitui um item que, pelo fato de envolver injeções, poderia ficar num plano intermediário entre o tratamento clínico e cirúrgico.

Cuidados higieno-dietético-posturais

Em nossa opinião, é o capítulo mais importante do tratamento das varizes. As instruções que serão recomendadas a seguir devem ser seguidas sempre que possível pelos portadores de doença venosa e em especial de varizes de membros inferiores de todas as formas.

1 – Erguer os pés da cama com um calço equivalente a dois tijolos comuns (mais ou menos 12 a 15 centímetros). Observar na figura 11, pág. 75, quais são as maneiras corretas. Nunca usar travesseiros de baixo das pernas para elevá-las. A cama deve ficar com a cabeceira mais baixa do que o pé. Não usar travesseiros ou cobertores por debaixo do colchão. Os travesseiros devem ser utilizados somente na cabeça. Este é, em nossa opinião, o mais importante item de um tratamento de varizes. Representa 75% do tratamento. Se o paciente fizer somente isto, já estará fazendo bastante. Observe que não custa nada e o paciente se trata enquanto dorme!

2 – Evite ficar em pé parado/a. Procure sempre movimentar as pernas. Andar é melhor do que ficar em pé parado/a.

3 – Não sentar com as pernas dependuradas. Ao sentar procure um apoio para as pernas, de modo que, se possível, elas fiquem em um nível mais alto do que o assento. Cuidado para nunca prender a barriga da perna por

períodos prolongados. O ideal é que o paciente apóie o calcanhar e não a barriga da perna, como poderá ser visto na figura 12, pág. 76.

4 – Repousar no leito (na posição já explicada no item 1) uma a duas horas pela manhã e o mesmo à tarde. Obviamente, nem todas as pessoas poderão fazer tal repouso. Dependerá muito do tipo de atividade. Entretanto, se a(o) paciente tiver sintomas intensos (dor, queimação, etc.), esse repouso será obrigatório e muitas vezes estendido por mais horas. Em determinadas complicações, como as flebites, tromboflebites, linfangites, erisipelas e outras, o repouso pode se estender por mais de uma semana e deverá ser *absoluto*, ou seja a(o) paciente não deverá sair do leito em nenhuma circunstância, exceto para ir ao banheiro. Esse tipo de repouso deve ser acompanhado de orientação médica.

5 – Evitar o uso *rotineiro* de salto muito alto ou muito baixo. O ideal é que a paciente utilize no dia-a-dia um salto médio-baixo (cerca de 4 centímetros).

6 – Não viajar sentado/a por mais de 2 ou 3 horas contínuas. Ande em intervalos regulares. É comum nas excursões rodoviárias uma pausa a cada período de 2 a 3 horas. Isso porque, *instintivamente,* as pessoas já sentem uma necessidade de se movimentar após esse período de tempo. Em viagens aéreas, o problema é mais sério, pois, evidentemente, as paradas são impossíveis e, além disso, o espaço reservado para as pernas é limitado. Se a(o) paciente tiver uma Síndrome Varicosa de grande intensidade com sintomas, e necessitar fazer viagem de avião prolongada ou mesmo rodoviária, deverá ser orientada/o por médico especialista. Algumas pacientes colocam *meias elásticas* para viajar. Isso é muito bom, desde que tenham sido *prescritas por especialista e que a paciente*

saiba como usá-las. Uma meia elástica inadequada ou mal colocada pode ser pior que não usar nada. Tem sido relativamente comum, em nosso serviço, receber pacientes com queixas de complicações de varizes que se iniciaram durante ou logo após viagens prolongadas. Muitos desses pacientes *nunca* tiveram nenhuma queixa com relação a suas varizes. Portanto, essas viagens são um importante fator *desencadeante* de complicações.

7 – Evitar atividades que obriguem a permanências prolongadas em determinadas posições (sentado ou em pé parado). É o caso de motoristas, pilotos de avião, dentistas, balconistas, etc.

8 – Nunca ficar muito tempo imobilizado no leito, pois uma das principais causas da Trombose Venosa é a diminuição da velocidade sangüínea. Quando o paciente fica imobilizado no leito, a possibilidade de ocorrer tal complicação aumenta consideravelmente. Desta forma, recomendamos a deambulação (o andar) o mais precocemente (antecipadamente) possível, após cirurgias de qualquer espécie. O mesmo se aplica para determinados estados de fraqueza, devido a certas doenças, que fazem os pacientes ficarem prostrados no leito. A ordem é *movimentar as pernas.*

9 – Evitar o uso de calçados que machuquem os pés. Usar sempre sapatos confortáveis. Temos observado muitos casos de complicações da Síndrome Varicosa devido a feridas que sapatos apertados provocam nos pés. Além disso, principalmente em viagens prolongadas, os pés poderão inchar. Se os sapatos forem muito justos, haverá um grande desconforto.

10 – *Alimentação*. Nos dias de hoje tem merecido cada vez mais destaque a importância da alimentação numa vida saudável. No caso das varizes, não se deve fugir às re-

gras. As pessoas que normalmente têm problemas de alergia com determinados tipos de alimentos (como carne de porco e seus derivados, frutos do mar, etc.) devem obviamente se abster de ingerir tais alimentos. Muitas das complicações da doença varicosa, como os eczemas, as úlceras infectadas, as linfangites, erisipelas e outras, podem ser desencadeadas, ou mesmo agravadas, pela ingestão de alimentos que normalmente causam alergia à/ao paciente.

11 – *Fumo* e *álcool*. O hábito de fumar é, sabidamente, prejudicial à saúde e em especial ao aparelho circulatório. Deve ser abandonado. Muitas doenças circulatórias graves têm como principal agente causador o cigarro. As bebidas alcoólicas, quando ingeridas em quantidade moderada não têm efeito maléfico. Entretanto, o álcool ingerido *rotineiramente, e em grande quantidade* (hábito de aperitivo diário, cerveja *todo dia*, etc.), poderá causar danos às vezes *irreparáveis* à saúde, especialmente à circulação e ao sistema nervoso.

12 – *Atividade física*. A movimentação dos portadores de doença varicosa é muito importante no sentido de prevenir suas mais terríveis complicações, como a Trombose Venosa Profunda, por exemplo. Recomendamos, pois, atividade física *regular, constante e moderada*, para os portadores de Varizes. Atividades esportivas que exigem o choque, como por exemplo o futebol, devem ser evitadas por aqueles que têm quadro varicoso intenso. Muitas vezes atendemos homens que desenvolveram tromboflebites em varizes após traumatismos durante "peladas" domingueiras inocentes. O melhor exercício é a *caminhada* ou *marcha* que deve ser realizada diariamente, com duração aproximada de 40 minutos. Outra modalidade esportiva recomendada é a *natação*. Atividade física de grande esforço, para quem já está acima

dos 30 anos, e que não esteja já habituado, não é recomendável. De qualquer maneira, o ideal é que as pessoas interessadas em praticar alguma modalidade esportiva se orientem com um médico especialista, o qual terá condições de esclarecer o que é mais recomendável para cada indivíduo em particular. As lesões causadas por práticas desportivas mal orientadas estão cada vez mais freqüentes em nossos dias.

13 – *Cuidados com os pés*. Os pés são porta de entrada para uma série de doenças. A maioria das linfangites e erisipelas se iniciam por alguma lesão no pé. Podem ser unhas encravadas, calosidades, pequenas escoriações, devido a sapato apertado, ou mesmo uma "frieira" ou "pé-de-atleta". Por estas lesões cutâneas penetram microorganismos como bactérias, vírus ou fungos, que podem causar transtornos bastante graves. Recomendamos que mantenham os pés sempre limpos, com as unhas bem tratadas, sem rachaduras ou feridas. Tenham cuidado com pedicuros ou calistas inexperientes, ou mesmo com materiais para cuidar das unhas (tesouras, alicates, etc.) que não estejam devidamente limpos e desinfetados. Já tivemos oportunidade de atender pacientes com gravíssimas conseqüências, devido a corte de unhas do pé feito por pessoal não capacitado ou com material inadequado. No caso de diabéticos, os cuidados devem ser redobrados, pois os mesmos são mais sensíveis a infecções, e estas são geralmente muito graves. As lesões de pés que não cicatrizam rapidamente devem ser tratadas por médico especialista o mais breve possível.

Medicamentos

Na atualidade, temos uma grande variedade de medicamentos que podem ser prescritos aos portadores da doença varicosa e suas complicações. O tipo e a quantidade vai depender da avaliação criteriosa que o médico irá fazer do/a paciente com relação a idade, sexo, gestação, atividade física, tempo de evolução, grau de complexidade, etc. Enfim, *somente um médico,* de preferência especialista, tem condições de avaliar qual o melhor medicamento que a(o) paciente poderá tomar ou passar. A *automedicação* deve ser combatida de todas as formas. Muitas complicações *graves* são provenientes de medicamentos administrados inconvenientemente. O *medicamento que salva pode matar.* Nunca tome medicamento que não tenha sido prescrito por um médico. O mesmo se aplica também para tratamento tópico (local) à base de pomadas, cremes, pós, etc. Infelizmente, com muita freqüência, recebemos pacientes portadoras de úlceras e eczemas, que já passaram tudo o que lhes recomendaram as vizinhas e "comadres" de plantão. Só atrasam a cura e a cicatrização, quando não a comprometem com infecções que podem ser graves.

- **Nunca passe nada nas pernas ou nas feridas que não tenha sido recomendado pelo médico.**

Procedimentos Fisioterápicos

A fisioterapia faz, hoje, parte do moderno arsenal terapêutico do médico angiologista. Dentre os métodos de tratamento das varizes por métodos físicos gostaríamos de salientar a *Elastocompressão.*

Trata-se de método de tratamento que consiste em fazer compressões graduadas, contínuas ou intermitentes nos membros inferiores acometidos de uma síndrome varicosa com ou sem complicações.

Entre esses métodos podemos destacar as *meias elásticas.* Muito difundidas entre as mulheres, entretanto, quando não adequadas, ou mal utilizadas, causam mais prejuízos do que benefícios. Existem atualmente, no mercado brasileiro, uma variedade bastante razoável de tipos, tamanhos e modelos de meias elásticas, que permitem ao médico especialista (e somente ele) uma escolha adequada, tendo em consideração o tipo de doença, o tamanho da perna, a atividade da paciente, etc. Algumas recomendações úteis para as pessoas que necessitam usar meias elásticas:

1 – As meias elásticas de uma parente ou "aquela importada que sua filha trouxe do exterior" nem sempre é uma meia adequada ao seu caso. Não use nenhuma meia que não seja recomendada por um médico especialista. O mesmo se aplica para meias que, eventualmente, você tenha comprado ou ganho anteriormente e que "nunca tenha usado" e que, portanto, "está novinha" guardada há muitos anos em seu armário. O seu caso pode ter se modificado, e a meia que era ideal há 2 ou 3 anos atrás, hoje já não serve mais.

2 – As meias elásticas devem ser calçadas, de preferência, pela manhã e com as pernas erguidas antes de sair da cama! Esta é um regra básica. Se, por qualquer motivo, não for possível colocar a meia elástica antes de sair da cama, recomendamos que a paciente permaneça deitada na cama com os membros inferiores elevados (figura 11), por *pelo menos* 20 minutos.

3 – As meias elásticas devem dar sensação de conforto e bem-estar à paciente. Se o uso das meias causar desconforto ou mesmo dor, é porque algo não está correto. *Tire imediatamente a meia e comunique-se com seu médico.*

4 – As meias elásticas não desincham a perna de ninguém. Nunca se deve usar meia elástica na presença de inchaços ou fenômenos inflamatórios como flebites, erisipelas, úlceras, etc. É necessário tratar primeiro essas intercorrências, para somente depois poder utilizar

meias elásticas. Meia elástica em cima de perna inchada é sinônimo de transtorno posterior.

5 – As meias elásticas necessitam de limpeza constante e devem ser trocadas a intervalos regulares, pois têm um vida útil limitada, dependendo do modo de utilização.

Resumindo:

• **As meias elásticas devem ser prescritas e usadas da mesma maneira que se faz com um medicamento.**

Outros métodos de elastocompressão podem ainda ser utilizados. Alguns aparelhos eletrônicos promovem uma compressão graduada intermitente. São os chamados "pumps". Consistem de botas pneumáticas cuja pressão pode ser graduada, dependendo do tipo de doença e que alterna períodos de compressão com períodos de descompressão (foto 3). As massagens também são um tipo de fisioterapia compressiva. Esta técnica, entretanto, tem algumas limitações que devem ser observadas: somente deve ser realizada por profissionais que conheçam profundamente a doença que vão tratar. Uma manipulação mal feita traz mais complicações do que melhora. Por esse motivo recomendo às pacientes portadoras de varizes que *evitem* ao máximo *massagens, duchas, saunas,* etc.

Escleroterapia ou "Secagem" de Veias

Esta modalidade de tratamento tem sido bastante difundida em nosso meio ultimamente. Consiste na injeção de pequenas quantidades de líquidos especialmente produzidos para esse fim. Usam-se agulhas muito finas e curtas. A principal indicação da escleroterapia ocorre nas chamadas telangiectasias (nos "raminhos" avermelhados) e nas veias de pequeno calibre ou varículas. A "secagem" de veias deve obedecer um critério de diagnóstico e de técnica muito rigoroso, pois quando mal indicada ou mal realizada pode trazer graves complicações. Somente um médico especialista com experiência pode realizar tal técnica. Temos recebido, infelizmente, e com relativa freqüência, pacientes que realizaram essa modalidade de tratamento com pessoas não capacitadas. Algumas complicações que esses pacientes apresentaram foram extremamente graves. Tivemos, inclusive, o caso de uma senhora que nos procurou com gangrena de pé após ter sido submetida a tratamento inadequado de escleroterapia feita por um prático de farmácia. Esta paciente acabou por amputar o seu membro inferior. Outros tipos de complicações podem também ser encontradas com maior freqüência como feridas, tromboses, etc. Quando bem indicada e bem feita do ponto de vista técnico, por pessoa habilitada e experiente, entretanto, *o tratamento esclerosante tem excelentes resultados*. A técnica de escleroterapia pode variar de um especialista para outro. Normalmente, cada especialista utiliza a técnica com a qual tenha mais experiência. Uns usam determinado tipo de agente esclerosante, outros não. Uns usam faixa, outros meias elásticas, outros nada. Uns usam pomadas, outros não. Enfim, a técnica utilizada depende basicamente da experiência de cada profissional. Nós, particularmente, usamos em nosso serviço, rotineiramente, meias elásticas logo após a sessão de esclerose. Achamos que com isso aumentamos a eficiência do método com conseqüente redução do número de sessões. Usamos também um creme refrescante à base de castanha-da-índia, enzimas e heparinóide. O *número de sessões* é imprevisível, pois dependerá de quando a paciente se sentir satisfeita. É impossível eliminar *todas* as veias de uma perna e, portanto, sempre alguma acaba permanecendo. Existe, porém, um momento em que a paciente se sente satisfeita com o tratamento. Há casos em que a paciente está preocupada com determinada veia que na sua opinião é horrível. Entretanto, ela tem outras que, eventualmente, em nossa opinião, chamam mais atenção, são maiores e potencialmente podem causar complicações. A paciente seca aquela veia que está incomodando naquele momento e se dá por satisfeita. Da mesma maneira, existem aquelas pacientes que vêm ao serviço para secar veias que só elas enxergam. O tempo que demora para se obter um bom resultado depende da quantidade de veias a serem secadas, bem como da freqüência com que a paciente vem ao consultório. Costumo dizer às pacientes que o tratamento de secagem de veias é um tratamento de "saturação". Os resultados aparecem a médio e longo prazo. É necessário fazer várias sessões, pelo menos uma vez por semana, para poder observar algum resultado após um mês ou alguns meses. As pacientes devem ser orientadas no sentido de não esperar resultados milagrosos em pouco tempo. Além do mais, existe o problema das manchas roxas que eventualmente podem surgir nos dias subseqüentes à esclerose, as quais tendem a desaparecer espontaneamente após alguns dias. O tratamento de secagem de veias é um tratamento loco-regional, ou seja, quando se esclerosa determinada veia ou conjunto de veias, não se estará interferindo em outras veias em outra região. Em outras palavras: se surgirem outras veias durante ou logo após o processo de esclerose, é porque as mesmas surgiriam de qualquer maneira devido ao processo evolutivo natural da doença varicosa. Não tem nada a ver com a esclerose já realizada. O tratamento esclerosante é um tratamento que não exige hospitalização, ou mesmo repouso. As pacientes podem sair do consultório andando normalmente e voltar a suas atividades normais. O tratamento esclerosante de varizes é normalmente *indolor*. Dependendo da sensibilidade pessoal de cada paciente e da técnica utilizada, algumas pacientes podem referir dor durante o processo, ou mesmo após. Isso, entretanto, não é a regra geral. Existem pacientes que simplesmente têm pavor somente em ouvir a palavra injeção. É comum iniciar o tratamento de esclerose em pacientes apavoradas com medo da dor que irão sentir. Logo após as primeiras injeções elas vão se acalmando, por notarem que tinham feito uma idéia completamente errada sobre a dor que sentiriam. Existem técnicas ou líquidos de esclerose que podem causar mais ou menos desconforto. Tudo vai depender da sensibilidade pessoal de cada paciente, assim como da técnica empregada por cada especialista. A escleroterapia pode eventualmente ser aplicada em veias de maior calibre. Esta indicação é, entretanto, de exceção. Nas veias dilatadas o tratamento de escolha é a cirurgia. Muitas vezes combinamos o tratamento de secagem com a cirurgia. A cirurgia para as veias grandes e a secagem para as pequenas.

Outros procedimentos relacionados: podemos citar a *eletrocoagulação*. Como na esclerose, consiste na injeção de pequenas agulhas, as quais promovem a coagulação do sangue no interior do vaso através de descarga de corrente elétrica. Um método que foi bastante divulgado, inclusive com sensacionalismo, foi o tratamento com *Raio Laser*. O método utilizava um aparelho de raio laser tipo cirúrgico que funcionava como um termo-cautério. Os resultados foram negativos, por vários motivos: em primeiro lugar porque, ao contrário do que de forma sensacionalista se propagou, o raio laser não *era indolor*. Pelo contrário, era *extremamente doloroso*. As pacientes dificilmente voltavam para fazer uma segunda sessão. Segundo, deixava *manchas brancas definitivas* no local onde tinha sido aplicado, causando com isso um descontentamento muito grande nas pacientes que o procuravam por motivos estéticos ou não. Terceiro, muitas das veias submetidas ao tratamento por raio laser simplesmente não desapareciam, pois não eram atingidas pelo mesmo, devido a serem mais profundas na pele. Resumindo, o raio laser para secagem de veias revelou-se um verdadeiro desastre, porque, além de ser um método doloroso, deixava manchas e ainda por cima não eliminava todas as veias desejadas. Não quero dizer com isso que talvez o Raio Laser não tivesse uma ou outra indicação. Entretanto, o estardalhaço que se fez em cima do método acabou desacreditando-o, antes mesmo de poder ser devidamente estudado. O mesmo não se aplica a outras modalidades de raios laser como, por exemplo, os Lasers Clínicos do tipo fisioterápicos (Soft-Laser). Não têm finalidade de eliminar veias, mas tão-somente funcionam como fontes de energia semelhantes aos fornos de Bier, Lâmpadas Infravermelhas e outras, com a vantagem de não queimarem a pele. Podem ser utilizados em processos inflamatórios e em certos tipos de úlceras para acelerar e estimular a sua granulação (formação de tecido vermelho semelhante ao "sagu" que se forma no fundo da úlcera). Nada mais. Outros métodos, como *Mesoterapia, Medicina Ortomolecular, Radicais Livres,* etc., não vou comentar, pois constituem métodos de tratamento que não são totalmente aceitos pela comunidade científica. Eu, particularmente, não tenho experiência com esses tipos de tratamento e até agora não me convenci de sua fundamentação científica.

Tratamento Cirúrgico

Até pouco tempo atrás, o tratamento cirúrgico era o único meio de tratamento que a maioria dos médicos dispunham para cuidar das varizes. A cirurgia sofreu grandes avanços nos últimos anos, os quais procuraremos expor adiante da maneira mais clara possível. Até bem pouco tempo atrás, a cirurgia de varizes correspondia a uma "safenectomia interna e externa radical bilateral" e ponto final. Isto queria dizer: retirada completa das duas safenas (interna e externa), dos dois membros inferiores. Esta retirada era feita mesmo nas veias que não estivessem doentes! Atualmente, somente operamos as veias que *comprovadamente* estejam doentes! Isso só foi possível graças ao aprofundamento do estudo das varizes e também ao desenvolvimento de novos métodos de diagnósticos, principalmente aos métodos não-invasivos já citados anteriormente (foto 2). Além disso, as veias safenas devem ser preservadas *sempre que possível* para futuro aproveitamento nas chamadas "pontes de safena". Da mesma forma, as veias safenas podem ser retiradas parcialmente, deixando portanto um segmento ou "pedaço" de veia no local. De qualquer modo, a retirada das veias safenas, sejam internas ou externas, sejam total ou parcialmente, só pode ser efetuada após criteriosa avaliação por parte do médico especialista. É preciso salientar, entretanto, que, em nossa opinião, quando as veias safenas estão comprometidas de maneira irreversível, devem ser extraídas, principalmente se há risco de complicações como úlceras, tromboflebites, ou rica sintomatologia dependente da insuficiência das veias safenas. Resumindo: somente um médico especialista com alguma prática e conhecimento pode decidir com sabedoria se deve ou não tirar a veias safenas, qual delas deve ser retirada e também se a retirada deverá ser total ou parcial. Quando a opção é a retirada da veia safena, normalmente a fazemos com anestesia raquidiana ou epidural, apesar de alguns médicos referirem que esta cirurgia pode ser realizada com anestesia local. O mesmo não se aplica para ramos independentes dos troncos safenos. Veias dilatadas espalhadas pelas pernas, ou mesmo algumas veias perfurantes insuficientes podem ser retiradas com *anestesia local*. Antigamente, as cirurgias de varizes exigiam grandes cortes que deixavam grande cicatrizes que nunca mais desapareciam. Além disso, grandes cicatrizes necessitavam também de maior tempo de recuperação, de maior quantidade de pontos e causavam também maior número de complicações como, por exemplo, lesões linfáticas que ocasionavam um inchaço pós-operatório relativamente freqüente e muitas vezes irreversível. Era muito comum as pacientes se queixarem que a cirurgia tinha ficado pior do que a doença. Ainda hoje existe um certo "tabu" com relação à cirurgia de varizes. As novas técnicas de cirurgia de varizes, praticamente, eliminaram os maus resultados, pelo menos em nossa experiência. O cortes, atualmente, são tão pequenos, que nem mesmo pontos são dados. Utilizamos apenas um esparadrapo especial que acaba sendo eliminado sozinho após algumas lavadas. É a chamada "microcirurgia", ou mais propriamente, *"Cirurgia de Varizes por Mini incisões Escalonadas"*. Dependendo da quantidade e da qualidade das veias operadas, a paciente pode retomar a suas atividades normais até no dia seguinte. A paciente é operada em nossa própria clínica com anestesia local pela manhã e na hora do almoço já está em casa. Mesmo quando a cirurgia envolve a retirada de veia safena, com anestesia raqui ou epidural, os pacientes recebem alta no mesmo dia, não necessitando, portanto, permanecer nenhum dia internados em hospital. Quando as veias safenas são retiradas, se houver grande comprometimento das veias varicosas como flebites, etc., o tempo máximo de recuperação não ultrapassa 15 dias (na pior das hipóteses). Antigamente falava-se em até três meses de recuperação! Uma pergunta muito freqüente por parte das pacientes que devem ser submetidas à cirurgia de varizes é: "as veias que vão ser retiradas não vão fazer falta?" A cirurgia de varizes é realizada sempre no sistema venoso superficial e às vezes no sistema venoso comunicante perfurante. Como foi visto anteriormente, esses dois sistemas são responsáveis pela condução de parte insignificante de sangue venoso. A principal via de retorno do sangue venoso é, nos membros inferiores, o Sistema Venoso Profundo. Dessa forma, as veias que são extraídas durante uma cirurgia de varizes normal, não fazem falta, desde que o sistema venoso profundo esteja em boas condições. É neste ponto que entra a experiência e o conhecimento do médico especialista. Antes de indicar uma cirurgia de varizes, o médico deverá avaliar minuciosamente o estado em que se encontra o Sistema Venoso Profundo. Isso ele fará através da história que a paciente conta, do exame físico cuidadoso, inclusive com as manobras funcionais já citadas acima, e com os testes com os aparelhos do laboratório vascular, também já citados anteriormente. E esta avaliação cuidadosa é que vai determinar um bom ou mau resultado! Infelizmente, com relativa freqüência, principalmente em serviços de grande movimento, os pacientes não são devidamente avaliados. Isso acaba por produzir maus resultados do tratamento cirúrgico.

Não podemos esquecer também das chamadas Varizes Secundárias que já foram abordadas anteriormente. Neste caso é preciso avaliar as causas que levaram ao aparecimento das varizes. Não adianta operar as varizes, se não se resolve o problema que as causou. De outro modo, no caso de varizes pós-trombóticas (que surgem após trombose venosa profunda), as mesmas nem sempre podem ser operadas. Depende do estado em que se encontra o sistema venoso profundo. Outro aspecto diz respeito à técnica cirúrgica propriamente dita. Quando a escolha é a retirada das veias safenas, a ligadura (amarração) da veia na virilha deverá obedecer técnica rigorosa. O cirurgião experiente fará essa ligadura de forma que não sobre nenhuma veia tributária ao nível da crossa da safena (figura 7). Em outras palavras, *todas* as veias tributárias da crossa devem ser ligadas em separado. Se algumas dessas veias forem deixadas, o risco de *recidivas* (volta das varizes) aumenta. Alguns cirurgiões, infelizmente, não estão devidamente preparados para fazer a dissecção dessa região. Somente um cirurgião experiente, com bom conhecimento da anatomia da região, poderá fazer uma cirurgia de varizes adequada.

Resumindo, com relação às cirurgias de varizes:

1 – As cirurgias de varizes são sempre estéticas. Não se justificam mais grandes incisões.

2 – A hospitalização não é necessária.

3 – A recuperação é muito rápida.

4 – É indolor.

5 – Na maioria das vezes é realizada com anestesia local.

6 – O resultado é imediato.

Recidivas

Sob este título vamos abordar uma das grandes dúvidas que afligem os portadores de varizes: a volta das varizes após o tratamento.

Em primeiro lugar, devemos nos reportar ao início do livro no capítulo "Nomenclatura", no qual explicamos que as varizes são uma doença determinada por fatores genéticos. A doença varicosa é, portanto, uma doença "evolutiva". Assim, a palavra "recidiva" ou "volta" é, na maioria das vezes, imprópria. Muitos pacientes que irão submeter-se à cirurgia de varizes nos perguntam: "Doutor, o senhor garante que não vão surgir mais veias nas minhas pernas?" É como pedir a um dentista garantia de que não surgirão mais cáries após um tratamento realizado. É verdade que as técnicas modernas de tratamento têm reduzido muito a "recidiva" das varizes. O melhor conhecimento da doença nos permitiu aprimorar as técnicas de tratamento de forma a reduzir consideravelmente esses inconvenientes. Costumamos recomendar a nossas pacientes que estejam sempre vigilantes com relação a suas pernas. Um tratamento bem realizado não é garantia de que não surgirão veias no futuro. Os dentistas costumam recomendar que as pessoas os procurem com intervalo de seis meses para tratar possíveis problemas logo no começo. O mesmo recomendamos nós, especialistas de varizes, só que a intervalos maiores. Recomendamos que as pacientes procurem o médico especialista de varizes a cada ano, ou logo que virem uma veia na perna. As veias dificilmente se iniciam dilatadas e grandes. Geralmente, no início são pequenas e podem ser resolvidas com tratamento esclerosante, que é mais simples, mais barato e não exige interrupção de atividade.

COMENTÁRIOS FINAIS

    Esperamos com estas poucas palavras poder ter sido úteis para esclarecer alguns aspectos sobre a doença varicosa. Evidentemente, procuramos não utilizar palavras de difícil compreensão para o público leigo em geral. As doenças venosas e a síndrome varicosa em particular têm muitos outros aspectos que poderiam ser abordados. Creio, entretanto, que complicariam o entendimento por parte do público a que este livro se destina

Figura 1 – *Baixo relevo encontrado em ruínas gregas que mostra uma perna de um deus com varizes.*

Figura 2 – *Pressão Hidrostática*

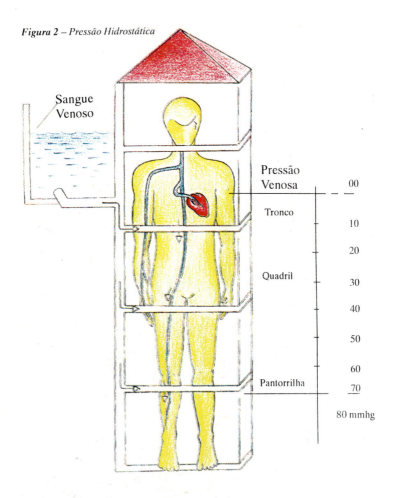

A pressão venosa é mais alta na parte mais baixa do corpo como se fosse um prédio com caixa de água. Nos andares mais baixos do prédio a pressão da água é mais forte.

Figura 3 – Das paredes dos vasos

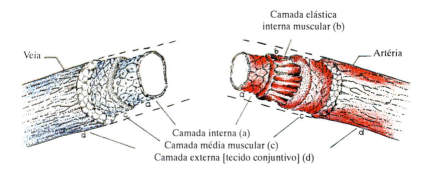

Obs.: 1) Notar as diferenças de espessuras das camadas d, c e a

2) Notar que somente a artéria possui a camada muscular (b)

3) Notar diferentes calibres — maior na veia / menor na artéria

Desenho esquemático de uma veia (azul) comparada a uma artéria (vermelha).
Apesar de os calibres externos das duas serem iguais, o calibre interno da veia é maior
que o da artéria, pois a "parede" desta última é mais espessa (mais "grossa").
A artéria tem consistência mais firme do que a veia e por isso é mais "redondinha",
enquanto que a veia, por ter a "parede" mais fina, é menos rígida
e fica mais achatada.

Figura 4

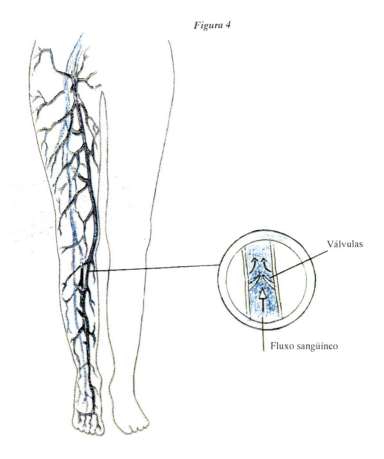

Esquema mostrando a circulação venosa de um membro inferior. A parte desenhada mais escuro corresponde ao sistema venoso superficial e a parte desenhada clara ao sistema venoso profundo. A ampliação mostra como é a veia por dentro. As válvulas impedem o sangue de descer. O fluxo sangüíneo se faz sempre no sentido de baixo para cima.

Figura 5 – *Seqüência que mostra de forma esquemática como funcionam as contrações musculares impulsionando o sangue pela compressão das veias. As válvulas impedem que o sangue volte para baixo. As setas mostram o sentido do fluxo venoso.*

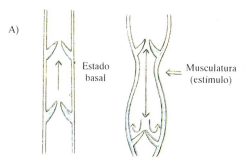

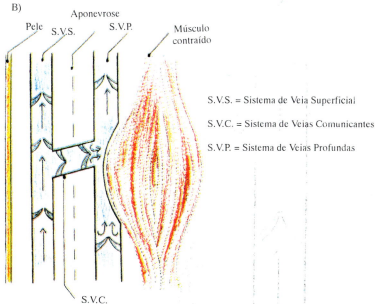

S.V.S. = Sistema de Veia Superficial

S.V.C. = Sistema de Veias Comunicantes

S.V.P. = Sistema de Veias Profundas

C) Uma bomba muscular.

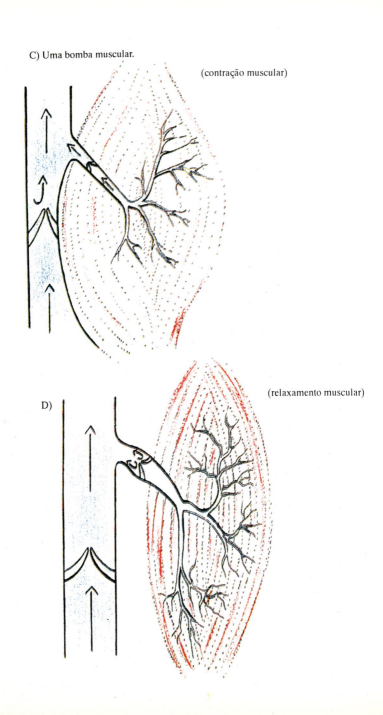

(contração muscular)

D)

(relaxamento muscular)

Figura 6

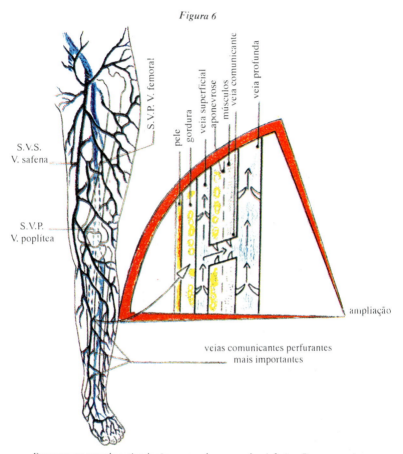

Esquema mostrando a circulação venosa de um membro inferior. Os vasos mais escuros são os correspondentes ao Sistema Venoso Superficial. Os que estão mais claros são as veias do Sistema Venoso Profundo. A ampliação corresponde à zona de transição do sistema venoso superficial para o profundo que constitui o Sistema Venoso Comunicante Perfurante. Observe que, em condições normais, o sentido do sangue é de baixo para cima e da superfície para a profundidade,

Figura 7 – Safena interna e seus ramos

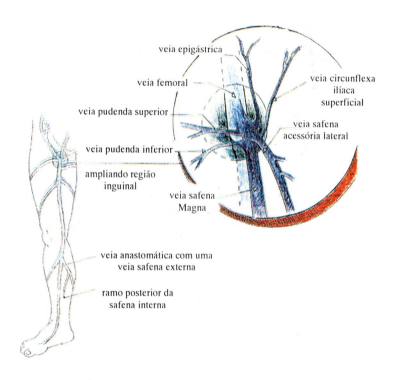

Esquema mostrando a desembocadura da veia Safena Interna na veia Femoral ao nível da virilha. As veias pintadas em azul mais escuro são as veias superficiais e as pintadas em azul mais claro, as veias profundas a veia femoral.

Figura 8

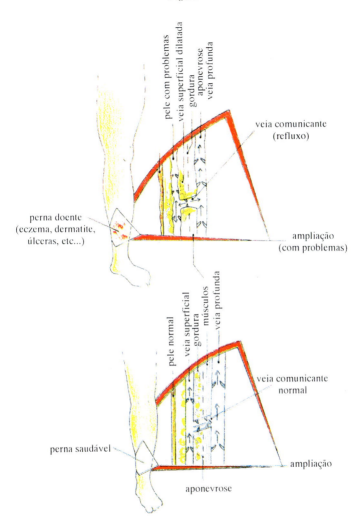

Esquema que procura demonstrar o que ocorre com as veias em casos de úlceras, dermatites e eczemas. Notar que as veias da perna saudável estão regulares com suas válvulas bem alinhadas. As setas que indicam o sentido do fluxo venoso estão apontando sempre de baixo para cima e da superfície para a profundidade. Na perna doente, as veias estão irregulares, com várias dilatações, as válvulas ficam afastadas umas das outras. As setas que indicam o fluxo venoso não apresentam um sentido único, mas indicam que o sangue sobe e desce sem nenhuma ordem.

Figura 9 *– Círculo vicioso*

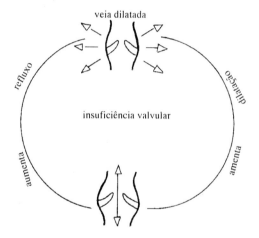

Desenho esquemático que procura mostrar o círculo vicioso formado pela dilatação da veia e pela insuficiência valvular.

Figura 10

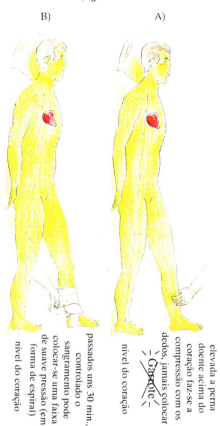

Desenho esquemático mostrando como tratar um paciente com hemorragia de varizes. Elevar o membro inferior acima do nível do coração. Fazer discreta compressão sobre o local da hemorragia, e após alguns minutos pode enfaixar o membro partindo do pé em direção à coxa. Não se deve garrotear o membro inferior.

Figura 11

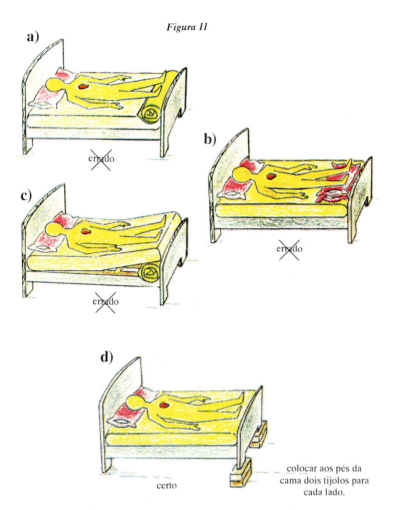

Desenho que mostra como deve ser erguida a parte correspondente aos pés da cama.

Figura 12

correto

errado

Desenho mostrando como sentar sem apoiar a barriga da perna em cima de almofadas.

Foto 2

Foto 3

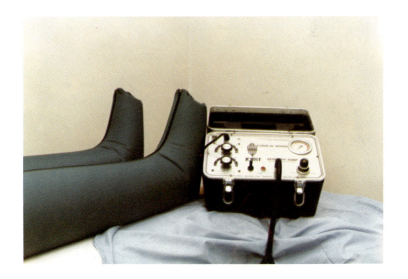

Apoio Cultural

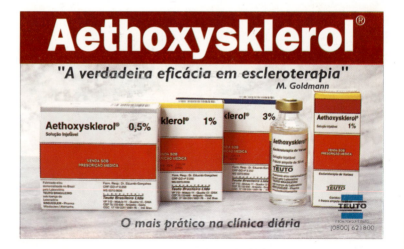